Savais-tu?

Les Hyènes

Savais-tu?

Les Hyènes

Alain M. Bergeron
Michel Quintin
Sampar

Illustrations de Sampar

ÉDITIONS
MICHEL
QUINTIN

Données de catalogage avant publication (Canada)

Bergeron, Alain M., 1957-

  Les hyènes

(Savais-tu? ; 14)
Pour enfants de 7 ans et plus.

ISBN 2-89435-230-1

1. Hyènes - Ouvrages pour la jeunesse. 2. Hyènes - Ouvrages illustrés. I. Quintin, Michel . II. Sampar. III. Titre. IV. Collection : Bergeron, Alain M., 1957- . Savais-tu? ; 14.

QL737.C24B47 2003   j599.74'3   C2003-940672-5

Révision linguistique : Maurice Poirier

Le Conseil des Arts du Canada
The Canada Council for the Arts

Patrimoine canadien
Canadian Heritage

La publication de cet ouvrage a été réalisée grâce au soutien financier du Conseil des Arts du Canada et de la SODEC. De plus, les Éditions Michel Quintin bénéficient de l'aide financière du gouvernement du Canada par l'entremise du Programme d'aide au développement de l'industrie de l'édition (PADIÉ) pour leurs activités d'édition.

Gouvernement du Québec – Programme de crédit d'impôt pour l'édition de livres – Gestion SODEC

ISBN 2-89435-230-1
ISBN 978-2-89435-230-4

Dépôt légal - Bibliothèque nationale du Québec, 2003
Dépôt légal - Bibliothèque nationale du Canada, 2003

Éditions Michel Quintin
C.P. 340, Waterloo (Québec)
Canada J0E 2N0
Tél.: (450) 539-3774
Téléc.: (450) 539-4905
www.editionsmichelquintin.ca

0 6 M L 2

Imprimé au Canada

Savais-tu que les hyènes ont les pattes postérieures plus courtes que les pattes antérieures? C'est ce qui rend leur démarche disgracieuse.

Savais-tu qu'il y a trois espèces de hyènes : la hyène brune, la hyène rayée et la hyène tachetée?

Savais-tu que son pelage rugueux, sa crinière hirsute, son cou massif et son dos tombant donnent à la hyène une allure peu élégante?

Savais-tu qu'en plus d'être un charognard, ce carnivore aux mâchoires extraordinairement puissantes est un chasseur redoutable?

Savais-tu que les hyènes habitent les paysages ouverts d'Afrique et d'Asie?

Savais-tu qu'elles sont surtout nocturnes et crépusculaires?

OUI...
ELLE N'A PAS FERMÉ L'OEIL DE LA JOURNÉE... ...
RROOONZZZRROOOONZZ

Savais-tu que le jour, elles se reposent dans un terrier, dans l'herbe haute ou encore dans une crevasse de rocher?

Savais-tu que leur odorat et leur ouïe sont excellents?
Leur vue est aussi très bonne.

Savais-tu que les hyènes émettent différents sons : des glapissements, des geignements, des grognements, des cris stridents et des hurlements?

Savais-tu que le cri le plus typique de la hyène tachetée est son rire bruyant? Il ressemble à une sorte de rire fou.

Savais-tu que la hyène brune et la hyène rayée vivent en solitaires ou en petites familles? Elles consomment surtout de petites proies, des fruits et de la charogne.

Savais-tu que de son côté, la hyène tachetée est rarement solitaire? En effet, elle vit plutôt en bandes qui comptent généralement de dix à trente hyènes. Il peut arriver qu'un groupe atteigne cent individus.

Savais-tu que les membres d'un clan se reconnaissent à l'odeur et à leurs cris? D'ailleurs, chaque individu a une voix qui lui est propre et que reconnaissent ses congénères.

Savais-tu que tout animal d'un autre clan déclenche automatiquement une vive réaction de peur et d'agressivité?

Savais-tu que ce sont les femelles qui dominent dans le clan? En fait, les adultes dominent les jeunes et les femelles dominent les mâles.

Savais-tu par ailleurs que chez la hyène tachetée, il est très difficile de faire la différence entre une femelle et un mâle? Les organes sexuels externes de la femelle ressemblent à s'y méprendre à ceux du mâle.

Savais-tu que les hyènes jouent un rôle important dans la nature? En mangeant les dépouilles d'animaux, elles évitent la propagation de multiples maladies.

Savais-tu que la hyène tachetée est le plus gros des charognards?

Savais-tu que la hyène tachetée préfère chasser les zèbres, les gnous, les gazelles et les bébés rhinocéros? Elle attaque aussi les lions, les buffles et les éléphants blessés ou âgés.

Savais-tu qu'on a déjà observé trente-huit hyènes tachetées « nettoyer » complètement un cadavre de zèbre en quinze minutes?

Savais-tu que, grâce à l'extraordinaire puissance de ses mâchoires, elle peut même broyer les os? De son repas, elle ne laisse que les cornes, les sabots et les poils.

Savais-tu que la hyène tachetée se nourrit aussi de petits animaux, de plantes et de crottes d'ongulés?

Savais-tu que les femelles mettent bas après un peu plus de trois mois de gestation? C'est dans un terrier qu'elles donneront naissance à leurs petits.

Savais-tu que chez les hyènes brunes, le mâle aussi prend soin des petits?

Savais-tu que chez les hyènes tachetées, plusieurs femelles élèvent leurs petits ensemble? Ceux-ci peuvent téter l'une ou l'autre des femelles sans distinction.

Savais-tu que chez cette espèce, le mâle et les congénères étrangers au clan constituent une menace sérieuse pour les tout-petits?

Savais-tu que les hyènes nourrissent leurs petits en rapportant des morceaux de carcasses près du terrier?

Savais-tu que leur seul vrai prédateur est le lion?

Savais-tu qu'une hyène tachetée peut vivre jusqu'à vingt ans dans la nature? Certains individus ont vécu quarante ans en captivité.